silas corrêa leite



# ilumideias

SENDAS
edições

Sendas Edições

**coordenação editorial**
*Sálvio Nienkötter*

**editor-assistente**
*Ricardo Pozzo*

**projeto & produção gráfica**
*Bárbara Tanaka*

---

Dados Internacionais de Catalogação na Publicação (CIP)
Andreia de Almeida CRB-8/7889

Leite, Silas Corrêa
Ilumideias / Silas Corrêa Leite. – Curitiba : Sendas Edições, 2017.
92 p.

ISBN 978-85-684-6240-9

1. Poesia brasileira 2. Haicai I. Título

CDD 869.1

---

Texto adequado às novas regras do acordo ortográfico de 1990, em vigor no Brasil desde 2009.

Sendas Edições é um selo da Kotter Editorial.

Rua das Cerejeiras, 194 | Barreirinha | Curitiba, PR
CEP 82700-510 | +55 41 3585-5161
www.sendasedicoes.com.br | contato@kotter.com.br

Feito o depósito legal.

1ª edição
2017

# 俳句

*in memoriam*
*Helena Kolody, Hilda Hilst, Moacyr Scliar e Orides Fontela*

*para meus sobrinhos de alto astral,*
*Chiquinho Corrêa Bueno, Claudia Corrêa Bittencourt,*
*Claudio Pereira Silva Bueno, Felipe Jordani,*
*Firmo Francisco Corrêa Campos e Otávio Corrêa Leite*

*para minha estrela bailarina, Rosangela Silva,*
*minha yoga, meu saquê, meu ninho de pássaros,*
*minha cerejeira em flor, por ela eu danço*
*de chapéu coco e com sombrinha azul da cor do coração*
*acima dos fios de alta tensão desta vida louca,*
*recebendo o nirvana de surtos-circuitos*
*em tantos alumbramentos poéticos de flores astrais,*
*em sua esbelta, alegre e faceira companhia magna...*

## apresentação

*"haicai é o denominador comum das poesias todas"*
*Massau Simizo*

o haicai tradicional tem 5/7/5 sílabas. os haicais têm de ter gracezas, barulhanças, contentezas e sacadas de prismas rápidos em chips poéticos mínimos, como batatinhas com shoio. a sonoridade e graça fazem parte do haicai primitivo, japônico, tradicional. no Brasil foi inventariado, introduzido e refabricando com qualidade risadora pelo poeta Guilherme de Almeida. o haicai moderno, por assim dizer, tirou métrica e rima, desengessando-o, bem como tirou a própria necessidade formol de dar sentido à natureza neles/deles, mas sendo, no nosso caso, brasileiríssimo. um haicai tropical, bem brasileirinho, com closes, inshits, fragmentos líricos, emotivos, ótica nuclearizada de um breve momento trazido à luz, à arte, ao quadro cênico de enlevo ou mesmo situação clicada e retomada (quando não enlivrada) no breve, no três por quatro do lambe-lambe, no leve, no zenboêmico contemplativo que seja, epigramático e alucênico. Bashô disse: "não siga os antigos, procure o que eles procuraram". aqui um inventário de cenas rápidas, twitterpoemas feito twittercotas, mais ironias risadoras, ou retratos 3x4 de hilários desatinos cotidianos. os links rotulados "silas e suas 'siladas", entre poeminhos curtos, bateia de granizos, haicloses urbanos ou caipiras (de Santa Itararé das Artes), ou mesmo de sampa, "da força da grana que ergue e destrói coisas belas", caetanear, por que não? nessas linhas de humor, lorotas, bravatas, quando não experimentos neoconcretos entre tercetos e afins e, rápidos e rasteiros, prismas nevrálgicos, contundentes, fragmentos de óticas depuradas em cirúrgicas palavras estrofadas, sintetizando janelas, tops de linha em toques epigramáticos e assim buscando/sacando, drops letrais, jujubas, emoções com a faca entre os dentes, deleites derramados e, claro, aqui e ali, possíveis trovas, quadras e levitações zenboêmicas no varejo, estados da alma, desvairados inutensílios, desaforismos, disparates, porta-lapsos, cantilenas refabuladas, parlendas revisitadas, limeriques fakes, e algumas tiradas como pensagens (pensamentos-mensagem), ou pensadilhos (pensamentos-trocadilho), em colheradas sacadas como 'mãos ao alto', do teclado do computador de/compondo letras, tudo feito uma espécie assim de um 'silasbashõ' em teatro no regurgitar pelos cotovelos. desdizeres entre um saquê e um catatau de mixórdias em sachê de enlivramento, taí: iluminuras-ideias, eis o neologismo lustral: *ilumideias*.

*ciberpoeta silas corrêa leite*

## **eu sou trezentos**
*para mário de andrade*

eu sou trezentos haicais
lavra de meu próprio lanho
escrevendo pouco é demais
num poemeto me ganho

eu sou trezentos haiquases
fragmentos de mim mesmo
dias úteis; sois capaz
dias férteis vago a esmo

eu sou trezentos poemetos
reduzidinhos de-assim
são haicloses, tercetos
que incabem em mim...

eu sou trezentos... trezentos...
'*silasbashô*' ao deus-dará?
shoyu, saquê... pertencimentos
palavreiros com piruá...

eu sou trezentos, e acaba
tudo em meus alumbramentos
bananeira que já deu goiaba
de epigramáticos rebentos

criames; auroras, prelúdios
haiquases de açúcares e sais
faço da alma o estúdio
e ainda teimo ousar mais

para acabar, cada haicai
que sai de mim se havendo
e vaza; pela vida se esvai
eu de mim mesmo haicai sendo

eu sou trezentos haicais
eu de minha própria obra
um é bom... três é demais
sina poética... e '*haikssobra*'

tsurus... são atiçados
no meu poetar passarim
fragmentos frutados
seda de meu próprio aipim
'siladas' do "eu e mim"

a noite
me pinga uma estrela no olho
e passa

*paulo leminski*

## conexão

baixou o mestre zen
no meu teclado, sem
as palavras que evaporam

## cale-se

tua mente pinta e borda
quando crias; é tua taça
olha, o cálice transborda

**ralo**

no palco solidão
imaginação
saindo pelo ladrão

**inveja pesa**

o pesado jabuti
sobre a enorme pedra, ri
do voar do bem-te-vi

## to be (ser)

ser poeta é a minha maneira
de chorar escondido
nessa existência estrangeira
que me tenho havido

## dourado

pedaço de sol
no anzol fisgado:
dourado!

## pra não dizer que não falei de flores

acostumei-me a ser sozinho
quando tenho companhia
minha poesia
espinho

## eu era feliz e não sabia

laranja madura
na beira da estrada
fanta diet

## perolágrima

orvalho de sereno
arame farpado
perolágrima

## choro e ranger de dentro

se você corta cebola
e é ela quem chora
largue a faca e vá embora

**primevo**

sem canetinha bic
o poeta escreve no chão
com lasquinha de carvão

**insônia**

violino na madrugada?
acordo e nadica de nada
pernilongo sola a zoada

**assim soja**

o anel que tu me deste
era de brincadeirinha
semente de soja com linha

**primavera**

a enorme casa inteira
deliciosamente cheira
flor de laranjeira

## bom pra tosse

o que é bom pra tosse?
o preço do remédio, veja!
(deus que nos proteja)

## solo cênico

numa tecla de piano
a baratinha tonta tenta
dançar o que lhe dá na venta

## dezelo fluido

a torneira sempre pingando
parece me dizer em bando
vaza, até quando?

## travessia

embaixo da pontezinha
o sapo seco, coitado, espera
a enxurrada para partir

**historial**

professora de batom carmim
e olhos da cor de jade
tenta explicar Joana D'arc

**esquinamento**

na esquina, o samba
ligeiríssimo descamba
pra boemia banzé

**parágrafo**

abriu o livro antigo
dentro dele, jazigo
de borboleta seca

**madurança**

mamão madurinho
no pé: a descoberta
pardais sondam perto

## adonirando

na corda *mi*
do cavaquinho
debulha-se um chorinho

## seresta

quem te deu
esse luar de prata
lua, alguma serenata?

## sozinhez

mirando as pernas da mocinha
padreco repete ladainha
com feição de fuinha

## frutal

dentro do caroço
do pêssego, a castanha
é melhor que o pêssego

## raio que o parta

à boca aberta
não se olha dentro
se o raio-x acerta

## consulta

disse 33 e morreu
talvez, mas só talvez
só soubesse contar até seis

**balada**

bala perdida
quando acha um alvo
leva uma vida

**paquera**

que bonito
espiga de milho
cerrindo pro periquito

**batatinhas**

batatinha quando nasce no sítio
não sabe o que vai ter de companhia
hambúrguer ou ovo frito

**labareda**

na fogueirinha
de são joão, pulula
uma brasinha caçula

## fogo apagado

caixa de fósforos
c'os palitos usados
não vale dois trocados

## fominha

mingau de farinha
o gato adivinha
e não sai da cozinha

## animal

o haicai ainda é
lá em itararé, um bicho
de estimação

## flor-beija-flor

beija-flor para
no ar e mira
flor de cambuquira

## brevê

jacaré maroto
quer voar
mas cadê brevê de piloto

## gurizança

lata de ervilha na mão
calça curta
esse guri sonha caçar colibri

### passagem

a morte cheira
incêndios
de vidas passadas

### nas alturas

no fio de alta tensão
urubu patola, de cartola
tenta solar um baião

## auroral

o belo galo canta
no alto telhado
de sereno salpicado

## supra-suma

eu mesmo nunca
não vou a parte alguma
sem próprio me ser

## mosteiro

mestre, quando eu crescer
quero ser silvestre
anoitecer... amanhecer...

## velhacarias

na enorme catedral vazia
falsos santos do pau oco
procissão de ácaros

## itararezinha

alva lua cheia
qual queijo caipira
itararé alumeia

## jabuticaba

como, de fazer bico doce
a jabuticabazinha
como se de néctar fosse

## polinização

o cabelo da espiga
fecunda os dentes
do milho verde

## eterna miss brasil

aquela nuvem que desabrocha
até parece as cadeiras
da Marta Rocha

## lume aceso

o vagalume acende
sua lanterna
no beiço da caverna

## canoa furada

canoa furada, espia
vazante indo e vindo
na sua âncora melancolia

## deguste

soca café, o pilão
o grão vira pó
para cheirar no sertão

## improviso no gesso

andorinha de itararé
faz enorme ninho bonito
no ombro de são benedito

## pileque e ressaca

o jacaré, moleque
embaixo da cama
é sequela do pileque

## estrago estético

pinguim de isopor
sobre a geladeira estragada
também é uma fria

## fêmea loquaz

mulher balzaquiana feliz
em vaidade singular?
crédito no celular

## osso caroço

caroço de abacate
também deveria ser fruta
não o osso dela

## romance

minha vida-livro
de página virada
final infeliz em cada

## ótica póstuma

morri-me de rir
quando vi-me
verme

**pedagogia**

o giz
do professor feliz
assovia

**pipa**

céu que arde
guri que mal cabe em si
empina o fim da tarde

## angelus

seis horas tropicais
poucas nuvens esparsas
no cume dos mangueirais
ave-maria cheia de garças

## Bahia

atrás do trio elétrico
só não vai
quem é epiléptico

## Mateus

eu vi uma mãe rezando aos pés da santa no vale
e um anjo no céu retrucando
quem pariu Mateus que o embale

## Wivanhoé

dentro da garrafa vazia
de rum, pedido de socorro
da ilha do esquecimento

## água ardente

delirius tremulus
no escuro, poeta jura
nunca mais pinga pura

## quintal

o vento tem perna torta
mas varreu toda a horta
entre mandiocas vassourinha

## sapo chulé revisitado

sapo de ribeira
não tem chulé
tem frieira

## piruá

péra lá
cada quá
com seu picuá

**sensibilidade**

o cego lê com o tato
o ouvido; o cheiro
é o sétimo sentido

**clássico**

violento gado
preso dentro do estádio
gol anulado

**a fé remove religiões**

outro templo fechado
por falta de gado marcado
shopping center lotado

**dando sopa**

a mosca cheirando a detefon
encontrou um garçom
dentro da sopa

## rato de sebo

leio um livro
que a mim lê também
leitor de, quem é quem?

## aviãozinho da tarde

céu de brigadeiro
passa bimotor verde-amarelo
baixinho e faceiro

## itararé é música

musical itararezinha
de tantos encantos meus
onde até carros cantam pneus

## sina

escrevo, escrevo
escrevo — pago
o que devo?

**assoprando**

preso no elevador, papuda
a soprano, cantando
uma ária, pede ajuda

**fantasma da impunidade**

o morto, coitado
sempre volta em crise
ao local do crime

## vila-boas

radinho de pilha roufenho
perdido no lixão da vila
ainda sola trenzinho caipira

## fanta laranja

a tampinha de fanta
tem certo "de-quê"
do pôr de sol na garganta

**alice no país da poesia**

alice ruiz
poemeto de si mesma
áurea estrela

**mutilação**

nunca fiz tatuagens
já tenho minhas íntimas
cicatrizes da alma em viagens

## céu aqui mesmo

eu te darei o céu
meu bem, e um colírio
para abrir os teus olhos também

## gado gordo

na enorme fila
do supermercado
o gordo paga para estar confinado

## sampa revisited

líquido e certo
samparaguai é um enorme
carandiru a céu aberto

## casa

telhado gótico podre
de casa de poeta roqueiro:
gota goiva

## roqueiro

desculpe, companheiro
mas para ser um puta roqueiro
tem que ouvir pixinguinha primeiro

## número

escondido
entre quatro paredes
sou um número anônimo
mas pulso

**dentro**

a válvula de escape, camarada
que falta em teu coração
talvez esteja dentro de tua mão
fechada

**deus**

escurece, de supetão
mas, de plantão, deus
a(s)cende pirilampadas na escuridão

## cama

você diz
de noite na cama
que não me ama
        mas é feliz

## dia d

eis que
a morte me visitou
mas tava de tpm

**pitéu**

o que foi que houve?
lagarta de couve
chiclete de tiziu

**cigarreando**

cigarra na tarde
amarra o ar de
cimitarra árabe

## parreira

a cigarra feito uma lady
proposital deixa a carcaça
em cima da uva verde
só pra ver se a uva passa

## amar é...

anti-clímax da separação
amar é...
nunca ter que pedir pensão

# Quinquilharias

*__eu__ te escrevo, vida,*
*como um louco escriba.*
*escreve a sobrevivência*
*em carne viva.*

## fé cega e cevada

nem católica nem corintiana
mas boêmia e hilária
ela é da igreja universal
do reino da bavária

## fantasmas

meus pais se separaram
como não conseguiria viver sem eles, matei os dois
hoje convivo com dois fantasmas inseparáveis

## miserável poeta

resistir até a última bala
de anis ou de hortelã
mas resistir, como Bala Juquinha
para Jean Vilejan

## Garrincha

lá vai o Mané da perna torta
quem é que se importa
com o que ele foi
com o que ele é?

## rito de passagem

meus pés descalços deixam pegadas
na areia
vem o mar e a maré cheia
leva meus passos pra passear

## céu de itararé

a estrelinha me pisca
e depois varre o céu
sucrilho labirisca

## essa greve

essa greve
dos lixeiros
está cheirando mal

## viagem

sentado sobre a mala
sonho em ir para o tibet
mas não saio do deserto da sala

**abro o telegrama**

mas não ouso lê-lo
um silêncio fala pelo cotovelo

**em itararé, de madrugada**

com uma asa quebrada
um anjo pede uma cerveja preta gelada

## se pudesse arrancaria sangue do meu corpo

colocaria numa caneta-tinteiro
e escreveria poemas para itararé
minha encantada estância boêmia

## passarinhagens

passarinho se escreve com duas asas
andorinha pede bença pra anjo
quando quer avoar de noitinha

**galo canta**

porque tem flauta de sol
na garganta

**tristonho**

acordo todo santo dia sofrido
com a sensação do dever cumprido
no sonho

## clichês

para mim
a minha realidade é a minha
cabeça de poeta
somos todos clichês?

## estação ser

na estação da luz
o cego em nome de jesus
pede esmola e sua cruz
salta aos olhos

## seda

quando escurece
sei que o fazer poético
íntima seda tece

## solo auroral

na madrugadinha
o choro do recém-nascido
parece solo de pixinguinha

## tentativa de abismo

ainda desconfio
que não devo cruzar a ponte
mas me atirar no rio

## close outonal

a borboleta creme
ao relho do alísio azul
energizada treme

## riquezas injustas

gastava com o cão
o que nunca pagava
ao operário padrão

## onirismo

quando escrevo, transcendo
eu de mim mesmo sendo
o que se me dá havendo

## crente — nos anos 60

santinho do pau oco
eu amava os beatles
e tonico e tinoco

## lavandas

trincando o muro, a chuva
por um canto velho com húmus
faz xixi verde nas lavandas

## página do relâmpago elétrico

flash, relâmpago elétrico
deus, de bom humor
fotografa a camada de ozônio

## nau catarineta

descobri, de madrugada
alma nau do peito em cruz
que do jazz nasce a luz

## notívago

sem vintém o poeta
filosofa com desdém
há bares que vêm pra bem

## música

ontem deitei Mário Zan
hoje, bem manhã
acordei blues de Djavan

## Ícaro

pássaro
raro
ícaro

## seda úmida

espuma de cerveja
na toalha se fez
haicai japonês

## parafraseando maiakovski

que Deus me proteja a ironia
mas não tem remédio
prefiro morrer de cerveja e poesia
mas não morrer de tédio

## anunciação auroral

*para Jorge Luis Borges*

dentro da avícola fechada
de madrugada
o galo canta a morte anunciada

## piá

era tão pobrezito
que jogava bolinha de gude
com cocô de cabrito

## porfia de meninos pobres

numa quebrada de beco
piás pobrinhos jogam futebol
de bola, um sapo seco

## pera perua

a pera madura
na cesta de vime
se abrindo para mim, ri-me

## lagartixa

pobre lagartixa
morta atrás da porta
terceira dobradiça

## soro caseiro

poeta respirando pelo aparelho
desconfie e se proteja:
narguilé com cerveja

## clássico universal

literatura surreal
o livro era tão bom
que o leitor morria no final

## genuflexório

minha mãe
tirava lágrimas
dos joelhos

## sobre o autor

**Silas Corrêa Leite** é educador, jornalista comunitário, blogueiro, livre pensador humanista, conselheiro diplomado em direitos humanos e ciberpoeta. Começou a escrever aos 16 anos no jornal O Guarani, de Itararé-SP. Fez Direito e Geografia, é especialista em Educação (Universidade Presbiteriana Mackenzie), com extensão universitária em Literatura na Comunicação (ECA-USP). Autor de *Porta-lapsos, Campo de trigo com corvos,* (obra finalista do Prêmio Telecom 2007, em Portugal), *O homem que virou cerveja* (vencedor do Prêmio Valdeck Almeida de Jesus 2009, em Salvador) e *Desvairados inutensílios.*

# índice

俳句

um bendito dia
a bendita poesia
não irá me acordar

Este livro foi impresso em papel pólen 80 g/m²,
tipologia Crimson Text 12 / 14,4, no inverno de 2017.